当丰子恺遇见梅兰芳

吴浩然 / 编

文匯出版社

图书在版编目（CIP）数据

当丰子恺遇见梅兰芳 / 吴浩然编 . -- 上海 : 文汇出版社 , 2023.3
ISBN 978-7-5496-3930-4

Ⅰ . ①当… Ⅱ . ①吴… Ⅲ . ①丰子恺（1898-1975）一人物研究②梅兰芳（1894-1961）一人物研究 Ⅳ . ① K825.72 ② K825.78

中国版本图书馆 CIP 数据核字 (2022) 第 242451 号

当丰子恺遇见梅兰芳

策　　划 / 鱼　丽

编　　者 / 吴浩然
责任编辑 / 鲍广丽
装帧设计 / 薛　冰

出 版 人 / 周伯军

出版发行 / 文匯出版社
上海市威海路 755 号　邮政编码：200041
印刷装订 / 上海颛辉印刷厂有限公司
版　　次 / 2023 年 3 月第 1 版
印　　次 / 2024年 1 月第 2 次印刷
开　　本 / 890×1240　1/32
字　　数 / 70 千
印　　张 / 5.625

ISBN 978-7-5496-3930-4
定　　价 / 68.00 元

目录

前言

丰子恺与梅兰芳

1961年8月8日，一代名伶梅兰芳在北京逝世，消息一经传开，文艺界无不扼腕叹息。正在饮酒的漫画大师丰子恺听到此消息，仿佛遭遇晴天霹雳，酒杯差点儿掉在地上。他强忍悲痛，写了一副对联寄给追悼会。对联曰：尽美尽善，歌舞英才惊万国；如梅如兰，清芬高格仰千秋。短短两句话，把梅先生的艺术才华和人格气节完美呈现。

缘缘堂书房

其实一开始丰子恺并不喜欢京戏，也极少听戏，更不关注梅兰芳。早期曾买过一架留声机，受恩师李叔同的影响，所购唱片多是西洋音乐。后来也买过梅兰芳的戏曲唱片，但并不热衷。1937 年 11 月浙江石门惨遭日军轰炸，丰子恺一家不得不远走西南避难。在四川涪陵时他陪女儿一吟看戏，逐渐看出了门道，他认为京剧和漫画有相近之处："我画人像，脸孔上大都只画一只嘴巴，而不画眉目。或竟连嘴巴都不画，相貌全让看者想象出来。这正与平剧（京剧）的表现相似：开门，骑马，摇船，都没有真正的门，马与船，全让观者自己想象出来。想象出来的门，马，与船，比实际的美丽得多。倘有实际的背景，反而不讨好了。好比我有时偶把眉目口鼻一一画出；相貌确定了，往往觉得不过如此，一览无余，反比不画而任人自由想象的笨拙得多。”但他又觉得艺术种类虽然繁多，最深入民间的，莫如戏剧中的平剧！“山农野老，竖子村童，字都不识，画都不懂，电影都没有看过的，却都会哼几声皮黄，都懂得曹操的奸，关公的忠，三娘的贞，窦娥的冤……而出神地欣赏，热诚地评论。足证平剧（或类似平剧的地方剧）在我国历史悠久，根深蒂固，无孔不入，故其社会的效果最高。书画也是具有数千年历史的古艺术，何以远不及平剧的普遍呢？这又足证平剧不但历史悠久，而且在其本质上具有一种吸引人情、深入人心的魔力。”因表现形式的不同，当时京剧之魔力，普及之广，是漫画远远不及的，所以大人孩子都知道梅兰芳，丰子恺也不得不“拜倒石榴裙下”。

丰子恺曾两度拜访梅兰芳。1947年初，他想看看“造物主的特殊的杰作”的本相，在摄影家郎静山的陪同下第一次见到了梅兰芳，他感叹梅先生的身材容貌是中国的“维纳斯”。1948年清明过后，丰子恺为了满足两个戏迷爱女要一睹伶王风采的愿望，再访梅先生，并先后写下了《访梅兰芳》《再访梅兰芳》两篇文章描述当时的情景。其间，他劝说梅先生多灌唱片，多拍有声的电影，尽可能延长其艺术生命。虽然丰子恺对梅先生的身段和表演才华很是折服，但最钦佩的还是他凛然可见的民族气节。

1931年“九·一八事变”爆发，梅兰芳编演了《抗金兵》《生死恨》等剧，宣扬爱国主义。上海沦陷后，为躲避日寇的“邀请”，梅兰芳率团星夜避至香港。在香港，梅兰芳继续编演爱国题材剧目，激励中国军民的抗战斗志。1941年，香港也落入日寇之手，当天梅兰芳开始蓄须，不久回到上海，闭门谢客，靠卖画和典当度日。日寇与汪伪政府不停地请梅兰芳复出为日军作慰问演出，在屡遭拒绝后，便使用各种下三烂的手段侮辱和恐吓他。梅兰芳不惜损坏自己的身体，用打针发烧的办法来抵制敌伪逼他演出的阴谋。梅兰芳蓄须的照片和爱国事迹常在报纸上刊登。丰子恺也从报纸上把梅兰芳留须的照片剪下，一直保藏在身边。“茫茫青史，为了爱国而摔破饭碗的‘优伶’，有几人欤？”丰子恺赞叹道：“我之所以敬仰他，不仅为了他是一个才艺超群的大艺术家，首先为了他是一个光明磊落的爱国志士。”梅先生以唱戏为职业，靠青衣生活，因何蓄须摔破饭碗，在上海沦陷区坚贞不屈，孤芳自赏？他就是为了爱国。梅兰芳去世以后，丰子恺满怀激情地写下了《梅兰芳不朽》《威武不能屈》两篇文章。文中写道：“梅先生在当时只是一个所谓‘戏子’、所谓‘优伶’，独有那么高尚的气节，安得不使我敬仰？况且当时梅先生已负盛名，早为日本侵略者所注目，想见他住在上海沦陷区中是非常困苦的。但他能毅然决然地留起须来，拒绝演戏，这真是‘威武不能屈’的大无畏精神，安得不使我敬仰？”

作为平生主动访问素不相识名人的丰子恺，以访梅兰芳为第一次，也是出于一种爱国情结。他把梅先生蓄须明志的气节广为宣扬，就是为了让广大民众在屈辱困苦中时刻保持高尚的气节，以梅先生为榜样，把私人利害置之度外，将国家兴亡负之仔肩。草木可以零落，但英雄精神将永铭人心。

丰子恺画戏

前几日和文友们闲聊，谈及弘一法师和丰子恺，有人感叹道：他们在书法、绘画、音乐、文学、翻译等诸多方面都造诣颇深，取得了举世瞩目的成就，丰子恺唯独缺其师一样才华那就是演戏。

弘一法师在俗时曾留学日本，在东京编辑《音乐小杂志》，与同学曾孝谷等人组织“春柳社”，该社在日期间曾演出话剧《茶花女》《黑奴吁天录》等。李叔同饰茶花女一角，因其男扮女装，姿态婉约，表演生动，剧照被制作成明信片传播，轰动了日本艺坛。

而作为学生的丰子恺并没有效仿李叔同走上演艺之路，却因梅兰芳的影响也慢慢地热爱上了戏剧。

一

丰子恺开始喜欢听戏，完全因唱机而起。在仅存的缘缘堂书房的照片中即可窥一斑，当时他书房的桌子上就摆放着一台唱机。他不少的文章和书信中也多次提到唱机，1945 年 6 月 3 日在重庆沙坪坝写给夏宗禹的信中说："我出门以前，还要写一篇文章，是良友公司托我的，题目叫做'我的良友'（他们用这题目，请国内各文人大家作文，集拢来出一本书，真是会做生意）。我本想老老实实，写几个好朋友。左思右想，觉得难于下笔，因为良友虽有，选择也很难。况且人是多变的动物，没有盖棺，就难得定论。我不便写真的人物，我想出一个调皮办法，写四个'良友'：烟、酒、茶、留声机。……"可见唱机在他心中的地位。

这台唱机成了丰子恺了解戏曲的最好媒介，他在 1935 年所撰《谈梅兰芳》一文中这样写道：

前年我买了一架蓄音机。交响乐、朔拿大（奏鸣曲）的片子，价钱太贵，不能多买；即使能多买，上海的乐器店里也不能多供应——他们所有的大多数是上海的外国商人所爱听的跳舞音乐片子。于是我就到高亭、胜利等公司去选购中国人制的唱片。苏滩，本滩，绍兴调，宁波调，滑稽小调，歌曲等都不合我的胃口。还有许多调子我听不懂，昆剧片子很少。可听而易购的，还是平剧（京剧）的片子。我就向这门里选购唱片。不知何故，最初选了七八张梅兰芳的青衣唱片。乡居寂寥，每晚开开唱片，邻里的人聚拢来听，借此共话桑麻。听惯了梅氏的唱片，第二批再买他的，第三批再买他的……我的蓄音机自然地变成了专唱梅兰芳片子的蓄音机。而且所唱的大多数是男扮女的花旦戏。因此，青衣的唱腔给我听得相当地稔熟。

丰子恺对梅兰芳唱腔有了兴味之后才慢慢有了拜访梅兰芳的冲动。两度造访，对梅兰芳有了全新的认识，他不仅欣赏梅兰芳的表演艺术，更是钦佩其高贵的人格，也因此和梅兰芳结下了深厚的友谊。

抗战爆发以后，丰子恺逃难至重庆，在长寿、涪陵、酆都举办画展之际，下榻涪陵腰街子大华旅馆二楼。此时李薇华姐妹在此演出。由女儿丰一吟陪同，多次近距离观赏了她们的戏曲表演，从而触发了他的创作的灵感。丰子恺为她们各画了一张册页。李蔷华得到了一幅旦角速写，题写了皇甫松诗词《梦江南·楼上寝》，曰："楼上寝，残月下帘旌。梦见秣陵惆怅事，桃花柳絮满江城。双髻坐吹笙。"为李薇华画了一幅京剧小生，同样题写了皇甫松的诗词，曰："兰烬落，屏上暗红蕉。闲梦江南梅熟日，夜船吹笛雨萧萧，人语驿边桥。"

不久，丰子恺又创作了一幅《李蔷华登场》自己留存。此作是目前艺术家难得一见的早期戏画，也是他首次绘画内容的嬗变。用笔清爽，线条灵动富有感染力，人物神采毕现，表情凝重，色彩淡雅，是难得的戏曲人物画精品。

丰子恺画李蔷华演戏

二

抗战胜利后，丰子恺自重庆复员定居于上海，一度停滞了戏画创作，直到他游览了江西诸地，欣赏到了活泼可爱的采茶戏，不觉又增添了画戏的动力。

丰子恺与江西有缘。1937 年 12 月曾避难于萍乡萧家祠堂；1956 年 7 月，与家人开启庐山之旅；1961 年 9 月 7 日又跟随上海政协参观团赴江西各地采风，游览南昌、赣州、瑞金、井冈山、抚州、景德镇等地，饱览了当地的红色胜迹和风景名胜，每到一处皆笔耕不辍。在观看了江西采茶戏后，他被这种手舞足蹈的艺术形式深深吸引，接连创作了《李香莲卖画》《武大》《小王》《李氏》等十余幅画作。

江西采茶戏是一种古老的传统戏曲剧种，是江西省各地采茶、花灯等民间歌舞小戏的统称。早期采茶戏为即兴演出，内容以采茶生活为主，人物较少，随着内容、唱腔、表演形式的不断丰富，同时又吸收了各种民间歌舞和地方戏曲的长处，

上：李香莲卖画　下：武大

江西采茶戏

形成了表演欢快、载歌载舞、恢谐风趣、喜剧性强、富有浓郁的乡土气息的特点，一直活跃于广大农村，深受当地老百姓的喜爱。

丰子恺所作戏画延续了其漫画的创作风格和章法特点，先勾线后填色。但又与之在表达形式上略有不同。子恺漫画以生活场景为主要创作对象，画面含蓄着诗情和童趣，注重环境的描绘，以题句来反映漫画的精神内核。在用笔上讲究“意到笔不到”，有些人物甚至省略了眼睛、鼻子等。戏画则恰恰相反，重点是刻画人物的面部，几乎是完全是通过对表情和动态的描绘来反映人物的内心世界。如李香莲卖画的忧愁、小王的英俊孤傲、武大的小心卑微以及李氏的滑稽可笑都跃然纸上，其思想情感被描绘的淋漓尽致。在题句上，子恺漫画常以古诗词为主，或提炼生活智慧的佳句，而戏画的题句只是标明了人物的身份，如同照相式的写真。

戏画和子恺漫画尽管两种绘画题材有别，但丰子恺的笔墨功夫和造型情趣却始终未变。它拓展了子恺漫画的绘画思路，丰富了其笔墨的表达形式。既有一定的戏曲史料价值，又给人以耳目一新之感。

三

丰子恺不仅听戏画戏，还十分关心戏曲艺术的发展。江西评剧团曾编排过现代革命大戏《年青一代》。此戏由陈耘编剧，矢明导演，讲述了出生于革命家庭林育生在复杂的社会环境中的成长历程。该剧意在教育年轻人在伟大的社会主义建设时期，要继承先辈们敢于斗争，敢于胜利的革命传统，珍惜今天的幸福生活。丰子恺被此剧的情节所感动，欣然题写了剧名，并题诗鼓励曰：有头必有尾，有叶必有根。有始必有终，坚决不变心。革命须到底，有志事竟成。

因为梅兰芳，丰家的两位女儿也成了京剧迷。陈宝和一吟经常在家编排节目，自娱自乐，有时还会在学校登台演出。一吟曾穿上戏装在照相馆拍照留念。丰子恺见后，欣然赋诗二首，并题写在了照片上。其一《戏题一吟＜凤还巢＞“偷”摄影》：为爱西皮与二簧，且施粉墨暂登场。时人不识余心乐，将为偷闲学觑郎；其二《一吟饰洛神》：神光离合，乍阴乍晴。竦轻躯以鹤立，若将飞而未翔。

关于丰家和梅兰芳，还有一个故事。丰子恺的长女丰陈宝和杨民望结婚时，需要找证婚人，陈宝和丰子恺都希望邀请梅兰芳。此时，丰子恺和梅先生刚刚认识，感觉很是投缘。再说婚礼上梅先生可以演唱助兴，肯定既风光又热闹。但杨民望表达了自己的看法。他说："我不是唱戏的，也不是搞艺术的，找梅先生有点不搭调。"杨民望是基督徒，就找了谢颂羔。谢颂羔也是知名人士，当时的小说家和翻译家，丰子恺的友人。

然从证婚人的选择上，作为艺术家的丰子恺还是看重文艺界的朋友，他尤其崇拜梅兰芳，据说那次婚礼大扫了丰子恺和陈宝的兴致。从这一点以及他所写梅兰芳的文中不难看出，梅兰芳是丰子恺自恩师弘一法师、马一浮后，所仰慕的第三人。

1954 年，题幼女一吟《凤还巢》戏照

神光離合乍陰乍陽
竦輕軀以鶴立若將飛而未翔
一吟飾洛神
丁酉乞巧 子愷題

1957 年，丰子恺为幼女一吟《洛神》戏照题辞

丰子恺笔下的梅兰芳

谈梅兰芳*

我只看过一次梅兰芳。约十年前，在上海，不记在何舞台，不记所看何戏，但记得坐的位置很远，差不多在最后一排的边上。因为看客很挤，不容易买得戏票。这位置还是我的朋友托熟人想办法得来的。

记得等了好久，打了许多呵欠，舞台上电灯忽然加亮。台下一阵喝彩，台上走出一个衣服鲜丽得耀目的花旦来，台下又是一阵喝彩。但我望去只见大体，连面貌都看不大清楚。故我只觉得同别的花旦差不多，不过衣服鲜丽，台上电灯加亮而已。台下嘈杂得很，有喝彩声，谈话声，脚

* 本篇曾载于 1935 年 11 月 1 日《宇宙风》第 1 卷第 4 期。——编者注。

步声，以及争座位的相骂声。唱戏声不大听得清楚。即使听得清楚，我那时也听不懂，因为我是不大欢喜看戏的。此来半为友人所拉，半为好奇，想一见这大名鼎鼎的“伶界大王”。

事后我想：我坐在远处，看不清楚梅兰芳的姿态，也好。因为男扮女的花旦，以前曾经给我一个不快的印象，看清楚了恐怕反而没趣。为的是有一次，我到乡下亲戚家做客，适值村上要做夜戏，戏台已经搭好，班子船已停在河埠上。亲戚家就留我过夜，看了戏才去。下午，我同了我的亲戚到河边闲步，看见一个穿竹布[1]大衫而束腰的中年男子，嘴里咬着一支带长甘蔗[2]，从班子船中走上岸来。亲戚指着他对我说，这是花旦。后来我正在庙后登坑，看见一个人手里拿着旱烟筒，头颈下挂着辫子，走进来，也解开裤子，蹲在坑上。其人就是那花旦。这样地见了两次，晚上我立在台前最近最正的位置里看他做花旦戏，觉得异常难看，甚至使人难堪。从此男扮女的花旦给了我一个不快的印象。但梅兰芳，听说与众不同，

① 竹布，在作者家乡指一种纱细而很挺的薄布，常是很淡的蓝色的。——编者注。

② 带长甘蔗，作者家乡话，指不切断的原株甘蔗。——编者注。

可惜我没有看清楚。但幸而没有看清楚，使我最近得安心地怀着了好感而在蓄音机（唱机）上听他的青衣唱片。

前年我买了一架蓄音机。交响乐、朔拿大（奏鸣曲）的片子，价钱太贵，不能多买；即使能多买，上海的乐器店里也不能多供应——他们所有的大多数是上海的外国商人所爱听的跳舞音乐片子。于是我就到高亭、胜利等公司去选购中国人制的唱片。苏滩，本滩，绍兴调，宁波调，滑稽小调，歌曲等都不合我的胃口。还有许多调子我听不懂，昆剧片子很少。可听而易购的，还是平剧（京剧）的片子。我就向这门里选购唱片。不知何故，最初选了七八张梅兰芳的青衣唱片。乡居寂寥，每晚开开唱片，邻里的人聚拢来听，借此共话桑麻。听惯了梅氏的唱片，第二批再买他的，第三批再买他的……我的蓄音机自然地变成了专唱梅兰芳片子的蓄音机。而且所唱的大多数是男扮女的花旦戏。因此，青衣的唱腔给我听得相当地稔熟。

平剧的音乐的价值，青衣唱腔的音乐的价

值，当作别论，不是现在所要说的。现在所要说的，是青衣唱腔给我的一种感想。而且这感想也不限于梅兰芳的青衣。我觉得平剧中的青衣的唱腔，富有女人气。不必理解唱词，但一听腔调，脑际就会浮出一个女子的姿态来，这是西洋音乐上所没有的情形。老生，大面的唱腔，固然也可说富有男人气，但他们的唱腔都不及青衣的委婉曲折。青衣的唱腔，可谓“女相十足”。我每次听到，觉得用日本语中的 onnarashii（有女人风度的）一语来形容它，最为适切。在事实上，从古以来，女子决没有用唱代话，而且唱得这样委婉曲折的。然而女子的寻常语调中，确有这么委婉曲折的音乐的动机潜伏着。换言之，青衣唱腔的

梅兰芳的京剧唱片

音乐，是以自来女子的寻常语调为原素，扩张，放大，变本加厉而作成的。这使我联想起中国的仕女画。雪白而平而大的脸孔，细眉细眼，樱桃口，削肩，细腰，纤指，玉腕，长裙，飘带……世间哪里有这样畸形的女人？然而"女相十足"，onnarashii，使人一见就能辨识其为"女"，而且联想起"女"的种种相，甚至种种性格。为了这也是以自来女子的寻常姿态为原素，扩张，放大，变本加厉而作成的缘故。这也是西洋绘画上所没有的情形。可见以前的音乐，绘画，在东西洋各自成一格调。

言归本题。上面所说的"女相十足"，固然不限于梅兰芳的青衣，一切青衣的唱腔，都是具有这特色的。不过梅氏倘真是"伶界大王"，则他所唱的青衣应是代表的，即我的唱片没有选错，即上面的话不妨说是为梅氏说的。四十多岁的男子，怎么唱得出这样"女相十足"的腔调？我觉得有些儿惊异。在现代，为什么花旦还是由男子担任，我又觉得有些儿疑问。难道"当女子"

这件事，也同“缝纫”和“中馈”一样，闲常由女子司理，出客①必须烦成衣和厨夫等男子担任的吗？

廿四（1935）年十月五日石门湾

附：女人专家

对于某学术富有天才，而研究之，就成为某专家。例如数学专家、雕塑专家等皆是。我现在所要说的那个人，也是一位专家。但他所富有天才而研究的学术，叫做“女人”。他自己是男人，但他能表现女人的声音笑貌和态度，表现得比女人更“女”。因为他能用极明敏的感觉来采取一切女人所有的最美的特点，集大成而为标准的、模范的、十全的女人。好比画佛像，采取一切相貌所有的最美的特点，集大成而为标准的、模范的、十全的相貌。这位女人专家就是梅兰芳。

原刊于《青年界》1948年第2期

① 出客，意即在正式场合。——编者注。

访梅兰芳*

复员返沪后不久，我托友介绍，登门拜访梅兰芳先生。次日的《申报·自由谈》中曾有人为文记载，并登出我和他合摄的照片来，我久想自己来写一篇访问记：只因意远言深，几次欲说还休。今夕梅雨敲窗，银灯照壁，好个抒情良夜，不免略述予怀。

我平生自动访问素不相识的有名的人，以访梅兰芳为第一次。阔别十年的江南亲友闻知此事，或许以为我到大后方放浪十年，变了一个“戏迷”回来，一到就去捧“伶王”。其实完全不然。我十年流亡，一片冰心，依然是一个艺术和宗教的信徒。我的爱平剧（京剧）是艺术心所迫，我的访

* 本篇连载于 1947 年 6 月 6 日－9 日《申报·自由谈》。——编者注。

梅兰芳是宗教心所驱，这真是意远言深，不听完这篇文章，是教人不能相信的。

我的爱平剧，始于抗战前几年，缘缘堂初成的时候，我们新造房子，新买一架留声机。唱片多数是西洋音乐，略买几张梅兰芳的唱片点缀。因为“五四”时代，有许多人反对平剧，要打倒它，我读了他们的文章，觉得有理，从此看不起平剧。不料留声机上的平剧音乐，渐渐牵惹人情，使我终于不买西洋音乐片子而专买平剧唱片，尤其是梅兰芳的唱片了。原来“五四”文人所反对的，是平剧的含有封建毒素的陈腐的内容，而我所爱好是平剧的夸张的象征的明快的形式——音乐与扮演。

西洋音乐是“和声的”（harmonic），东洋音乐是“旋律的”（melodic）。平剧的音乐，充分地发挥了“旋律的音乐”的特色。试看：它没有和声，没有伴奏（胡琴是助奏），甚至没有短音阶（小音阶），没有半音阶，只用长音阶（大音阶）的七个字（独来米法扫拉西），能够单靠旋律的变化来表出青衣、老生、大面等种种个性。

所以听戏，虽然不熟悉剧情，又听不懂唱词，也能从音乐中知道其人的身分、性格及剧情的大概。推想当初创作这些西皮二黄的时候，作者对于人生情味，一定具有异常充分的理解，同时对于描写音乐一定具有异常敏捷的天才，故能抉取世间贤母、良妻、忠臣、孝子、莽夫、奸雄等各种性格的精华，加以音乐的夸张的象征的描写，而造成洗练明快的各种曲调，颠扑不破地沿用到今日。抗战以前，我对平剧的爱好只限于听，即专注于其音乐的方面，故我不上戏馆，而专事收集唱片。缘缘堂收藏的百余张唱片中，多数是梅兰芳唱的。廿六（1937）年冬，这些唱片与缘缘堂同归于尽；胜利后重置一套，现已近于齐全了。

我的看戏的爱好，还是流亡后在四川开始的。有一时我旅居涪陵，当地有一平剧院，近在咫尺。我旅居无事，同了我的幼女一吟，每夜去看。起初，对于红袍进，绿袍出，不感兴味。后来渐渐觉得，这种扮法与演法，与其音乐的作曲法同出一轨，都是夸张的，象征的表现。例如红面孔一定是好人；白面孔一定是坏人；花面孔一定是武人；旦角的走路像走绳索；净角的走路像拔泥脚……凡此种种扮演法，都是根据事实加以极度的夸张而来的。盖善良正直的人，脸色光明威严，不妨夸张为红；奸邪暴戾的人，脸色冷酷阴惨，不妨夸张为白；好勇斗狠的人，其脸孔峥嵘突厄，不妨夸张为花。窈窕的女人的走相，可以夸张为一直线。堂堂的男子的踏大步，可以夸张得像拔泥足……因为都是根据写实的，所以初看觉得奇怪，后来自会觉得当然。至于骑马只要拿一根鞭子，开门只要装一个手势等，既免啰苏繁冗之弊，又可给观者以想象的余地。我觉得这比写实的明快得多。

丰一吟（左）和丰陈宝自扮自演《梅龙镇》

从此，我变成了平剧的爱好者；但不是戏迷，不过欢喜听听看看而已。戏迷的倒是我的女孩子们。我的长女陈宝，三女宁馨，幼女一吟，公余课毕，都热中于唱戏。就中一吟迷得最深，竟在学校游艺会中屡次上台扮演青衣。俨然变成了一个票友。因此我家中的平剧空气很浓。复员的时候，我们把这种空气当作行李之一，从四川带回上海。到得上海，适逢蒋主席六十诞辰，梅兰芳演剧祝寿。我们买了三万元一张的戏票，到天蟾舞台去看。抗战前我只看过他一次，那时我不爱京戏，印象早已模糊。抗战中，我得知他在上海沦陷区坚贞不屈，孤芳自赏；又有友人寄到他的留须的照片。我本来仰慕他的技术，至此又赞佩他的人格，就把照片悬之斋壁，遥祝他的健康。那时胜利还渺茫，我对着照片想：无常迅速，人寿几何，不知梅郎有否重上氍毹之日，我生有否重来听赏之福！故我坐在天蟾舞台的包厢里，看到梅兰芳在《龙凤呈祥》中以孙夫人之姿态出场的时候，连忙俯仰顾盼，自拊其背，检验是否做梦。弄得邻座的朋友莫名其妙，怪问“你不欢喜看梅兰芳的？”后来他到中国大戏院续演，我跟去看，一连看了五夜。他演毕之后，我就去访他。

我访梅兰芳的主意，是要看看造物者这个特殊的杰作的本相。上帝创造人，在人类各部门都有杰作，故军政界有英雄，学术界有豪杰。然而他们的法宝，大都全在于精神，而不在于身体。即全在于运筹、指挥、苦心、孤诣的功夫上，而不在于声音笑貌上。（所以常有闻名向往，而见面失望的。）只有“伶王”，其法宝全在于身体的本身上。美妙的歌声，艳丽的姿态，都由这架

梅兰芳演孙尚香

巧妙的机器——身体——上表现出来。这不是造物者的“特殊”的杰作吗？故英雄豪杰不值得拜访，而伶王应该拜访，去看看卸妆后的这架巧妙的机器的本相看。

一个阳春的下午，在一间闹中取静的洋楼上，我与梅博士对坐在两只沙发上了。照例寒暄的时候，我一时不能相信这就是舞台上的伶王。只从他的两眼的饱满上，可以依稀仿佛地想见虞姬、桂英的面影。我细看他的面孔，觉得骨子的确生得很好，又看他的身体，修短肥瘠，也恰到好处。西洋的标准人体是希腊的凡奴司〔维纳斯〕（Venus），在中国也有她的石膏模型流行。我想：依人体美的标准测验起来，梅郎的身材容貌大概近于凡奴司，是具有东洋标准人体的资格的。他很高兴和我说话，他的本音宏亮而带粘润。由此也可依稀仿佛地想见“云敛晴空，冰轮乍涌”和“孩儿舍不得爹爹”的音调。

从他的很高兴说话的口里，我知道他在沦陷期中如何苦心地逃避，如何从香港脱险。据说，全靠犯香港的敌兵中，有一个军官，自言幼时曾由其母亲带去看梅氏在东京的演戏，对他有好感，因此幸得脱险。又知道他的担负很重，许多梨园子弟都要他赡养，生活并不富裕。这时候他的房东正在对他下逐客令，须得几根金条方可续租。他慨然地对我说，“我唱戏挣来的钱，那里有几根金条呢！”我很惊讶，为甚么他的话使我特别感动。仔细研究，原来他爱用两手的姿势来帮助说话；而这姿势非常自然，是普通人所做不出的！

然而当时使我感动最深的，不是这种细事，却是人生无常之恸。他的年纪比我大，今年

《申报》（1947.3.2）自右至左：丰子恺、梅兰芳、郎静山（陈惊瓒摄）

五十六[①]了。无论他身体如何好，今后还有几年能唱戏呢？上帝手造这件精妙无比的杰作十余年后必须坍损失效；而这坍损是绝对无法修缮的！政治家可以奠定万世之基，使自己虽死犹生；文艺家可以把作品传之后世，使人生短而艺术长。因为他们的法宝不是全在于肉体上的。现在坐在我眼前的这件特殊的杰作，其法宝全在这六尺之躯，而这躯壳比这茶杯还脆弱，比这沙发还不耐用，比这香烟罐头（他请我吸的是三五牌）还不经久！对比之下，使我何等地感慨，何等地惋惜？于是我热忱地劝请他，今后多灌留声片，多拍有声有色的电影，唱片与电影虽然也是必朽之物，但比起这短短的十余年来，永久得多，亦可聊以慰情了。但据他说，似有种种阻难，亦未能畅所欲为。引导我去访的，是摄影家郎静山先生，和身带镜头的陈惊聩盛学明两君。两君就在梅氏的院子里替我们留了许多影。摄影毕，我告辞。他和我握手很久。手相家说：“男手贵软，女手贵硬。”他的手的软，使我吃惊。

① 梅兰芳生于 1894 年，当时应为 53 岁。——编者注。

与郎先生等分手之后，我独自在归途中想：依宗教的无始无终的大人格看来，艺术本来是昙花泡影，电光石火，霎时幻灭，又何足珍惜！独怪造物者太无算计，既然造得这样精巧，应该延长其保用年限；保用年限既然死不肯延长，则犯不着造得这样精巧；大可马马虎虎草率了事，也可使人间减省许多痴情。

唉！恶作剧的造物主啊！忽然黄昏的黑幕沉沉垂下，笼罩了上海市的万千众生。我隐约听得造物主之声："你们保用年限又短一天！"

卅六（1947）年六月二日于杭州作

1947 年，在上海梅寓丰子恺与梅兰芳、摄影家郎静山、记者陈惊聩

再访梅兰芳*

去年梅花时节，我从重庆回上海不久，就去访梅博士，曾有照片及文章刊登《申报》。今年清明过后，我同长女陈宝、四女一吟，两个爱平剧（京剧）的女儿，到上海看梅博士演剧，深恐在演出期内添他应酬之劳，原想不去访他。但看了一本《洛神》之后，次日到底又去访了。因为陈宝和一吟渴望瞻仰伶王的真面目。预备看过真面目后，再看这天晚上的《贩马记》。

这回不告诉外人，不邀摄影记者同去，但托他的二胡师倪秋平君先去通知，然后于下午四时，

* 本篇曾载于1948年5月26日《申报·自由谈》。——编者注。

同了两女儿悄悄地去访。刚要上车，偏偏会在四马路上遇见我的次女的夫婿宋慕法。他正坐在路旁的藤椅里叫人擦皮鞋，听见我们要去访梅先生，擦了半双就钻进我们的车子里，一同前去了。陈宝和一吟说他，“天外飞来的好运气！”因为他也爱好平剧，不过不及陈宝一吟之迷。在戏迷者看来，得识伶王的真面目，比“瞻仰天颜”更为光荣，比“面见如来”更多法悦。所以我们在梅家门前下车，叩门，门内跑出两只小洋狗来的时候，慕法就取笑她们，说：“你们但愿一人做一只吧？”

坐在去春曾经来坐过的客室里，我看看室中

梅兰芳之《洛神》

的陈设，与去春无甚差异。回味我自己的心情，也与去春无甚差异。“青春永驻”，正好拿这四字来祝福我们所访问的主人。主人尚未下楼，琴师倪秋平先来相陪。这位琴师也颇不寻常：他在台上用二胡拉皮黄，在台下却非常爱好西洋音乐，对朔拿大（奏鸣曲），交响乐的蓄音片（唱片），爱逾拱璧。他的女儿因有此家学，在国立音乐院为高才生。他的爱好西洋音乐，据他自己说是由于读了我的旧著《音乐的常识》（亚东图书馆版）。因此他常和我通信，这回方始见面。我住在天蟾舞台斜对面的振华旅馆里。他每夜拉完二胡，就抱了琴囊到旅馆来和我谈天，谈到后半夜。谈的半是平剧，半是西乐。我学西乐而爱好皮黄，他拉皮黄而爱好西乐，形相反而实相成，所以话谈不完。这下午他先到梅家来等我们。我白天看见倪秋平，这还是第一次。我和他闲谈了几句，主人就下来了。

握手寒暄之间，我看见梅博士比去春更加年轻了。脸面更加丰满，头发更加青黑，态度更加和悦了。又瞥见陈宝一吟和慕法，目不转睛地注视他，一句话也不说，一动也不动，好像城隍庙里的三个菩萨，我觉得好笑。不料他们的视线忽从主人身上转到我身上，都笑起来。我明白这笑的意思了：我年龄比这位主人小四岁，而苍颜白发，老相十足，比我大四岁的这位老兄，却青发常青，做我的弟弟还不够。何况晚上又能在舞台表演美妙的姿态！上帝如此造人，真是欠通欠通！怎不令人发笑呢？

我提出关于《洛神》的舞台面的话，希望能摄制有声有色的电影，使它永远地普遍地流传。

梅兰芳与王少亭合演《打渔杀家》

梅先生说有种种困难，一时未能实现。关于制电影，去春我也向他劝请过。我觉得这事在他是最重要的急务。我们弄书画的人，把原稿制版精印，便可永远地普遍地流传；唱戏的人虽有蓄音片，但只能保留唱工，要保留做工，非制电影不可。科学发达到这原子时代，能用萝卜大小的一颗东西来在顷刻之间杀死千万生灵，却不肯替我们的“旷世天才”制几个影片。这又是欠通欠通，怎不令人长叹呢！

话头转入了象征表现的方面。梅先生说起他在莫斯科所见投水的表演：一大块白布，四角叫人扯住，动荡起来，赛是水波；布上开洞，人跳入洞中，又钻出来，赛是投水。他说，我们的《打渔杀家》则不然，不需要布，就用身子的上下表示波浪的起伏。说这话时，他就坐在沙发里穿着西装而略作桂英儿的身段，大家发出特殊的笑声。这使我回想起以前我在某处讲演时，无意中在黑板上画了一个人头而在听众中所引起的笑声。对于平剧的象征的表现，我很赞善，为的是与我的漫画的省略的笔法相似之故。我画人像，脸孔上大都只画一只嘴巴，而不画眉目。或竟连嘴巴都不画，相貌全让看者自己想象出来。（因此去年有某小报拿我取笑，大字标题曰“丰子恺不要脸”，文章内容，先把我恭维一顿，末了说，他的画独创一格，寥寥数笔，神气活现，画人头不画脸孔云云。只看标题而没有工夫看文章的人，一定以为我做了不要脸的事。这小报真是虐谑！）这正与平剧的表现相似：开门，骑马，摇船，都没有真的门，马，与船，全让观者自己想象出来。想象出来的门，马，与船，比实际的美丽得多。倘有实际的背景，反而不讨好了。好比我有时偶把眉目口鼻一一画出；相貌确定了，往往觉得不过如此，一览无余，反比不画而任人自由想象的笨拙得多。

想起他晚上的《贩马记》，我觉得要让他休息，不该多烦扰他了，就起身告辞。但照一个相是少不得的。我就请他依旧到外面的空地上去。这空地也与去年一样，不过多了一只小山羊。这小山羊向人依依，怪可爱的。因为不邀摄影记者，由陈宝一吟自己来拍。因为不带三脚架，不能用自动开关，只得由二人轮流司机，各人分别与伶王合摄一影。这两个戏迷的女孩子，不能同时与伶王合摄一影，过后她们引为憾事。在辞别出门的路上，她们絮絮叨叨地说了许多"悔不该"。[编者[1]按：为了想弥补这个"悔不该"，我踌躇了好久。丰先生寄给我的两张照片，章法全同，实在无法全登，登一张又觉得不痛快，于是和本报负责制版的陆先生（丰先生的学生）商量，结果是现在刊出的一张。为 Poeticjustice（富有诗意的、公平的处理）着想，我看这样也不要紧吧？]

申报（1948.5.26）左起：梅兰芳、丰子恺、丰一吟、丰陈宝

① 系本文所载报刊《申报·自由谈》的编者。——编者注。

我却耽入沉思。我这样想：

我去春带了宗教的心情而去访梅兰芳，觉得在无常的人生中，他的事业是戏里戏，梦中梦；昙花一现，可惜得很！今春我带了艺术的心情而去访梅兰芳，又觉得他的艺术具有最高的社会的价值，是最应该提倡的。艺术种类繁多，不下一打：绘画，书法，金石，雕塑，建筑，工艺，音乐，舞蹈，文学，戏剧，电影，照相。这一打艺术之中，最深入民间的，莫如戏剧中的平剧！山农野老，竖子村童，字都不识，画都不懂，电影都没有看见过的，却都会哼几声皮黄，都懂得曹操的奸，关公的忠，三娘的贞，窦娥的冤……而出神地欣赏，热诚地评论。足证平剧（或类似平剧的地方剧）在我国历史悠久，根深柢固，无孔不入，故其社会的效果最高。书画也是具有数千年历史的古艺术，何以远不及平剧的普遍呢？这又足证平剧不但历史悠久，而且在其本质上具有一种吸引人情、深入人心的魔力，故能如此普遍，如此大众化的。只可惜过去流传的平剧，有几出在内容意义上不无含有毒素，例如封建思想，重男轻女，迷信鬼神等。诚能取去这种毒素，而易以增进人心健康的维他命，则平剧的社会的效能，不可限量，拿它来治国平天下，也是容易的事。那时我们的伶王，就成为王天下的明王了！

前面忘记讲了：我去访梅先生的时候，还送他一把亲自书画的扇子。画的是曼殊上人的诗句“满山红叶女郎樵”。写的是弘一上人在俗时赠歌郎金娃娃的《金缕曲》。其词曰：

秋老江南矣。忒匆匆，春余梦影，樽前眉底。陶写中年丝竹耳，走马胭脂队里。怎到眼都成余子？片玉昆山神朗朗，紫樱桃漫把红情系。愁万斛，来收起。

泥他粉墨登场地。领略那英雄气宇，秋娘情味。雏凤声清清几许，销尽填胸荡气。笑我亦布衣而已。奔走天涯无一事，问何如声色将情寄？休怒骂，且游戏。

书画都是在一个精神很饱满的清晨用心写成的。因为这个人对于这样广大普遍的艺术负有这样丰富的天才，又在抗战时代表示这样高尚的人格，——我对他真心的敬爱，不得不“拜倒石榴裙下”。（别人讥笑我的话。）我其实应该拜倒。“名满天下”“妇孺皆知”（别人夸奖我的话）的丰子恺，振华旅馆的茶房和账房就不认识。直到第二天梅先生到旅馆来还访了我，茶房和账房们吃惊之下，方始纷纷去买纪念册来求我题字。

卅七（1948）年五月二十二日，梅兰芳停演之日，作于杭州。

梅兰芳不朽*

立秋日的傍晚，我正在饮酒的时候，女儿一吟神色沮丧地递给我一张新到的晚报，上面载着一个惊人的消息：梅兰芳今晨逝世！这仿佛青天一个霹雳，使我停止了饮酒。

这才华盖世的一代艺人，现在已经长逝了！我深为悼惜，因为我十分敬仰他。我之所以敬仰他，不仅为了他是一个才艺超群的大艺术家，首先为了他是一个光明磊落的爱国志士：

抗战期间，我避寇居重庆沙坪小屋。这小屋简陋之极，家徒四壁，毫无装饰，墙上只贴着一张梅兰芳留须照片，是上海的朋友从报纸上剪下来寄给我的。我十分宝爱这张照片，抗战期间一

* 本篇曾载 1961 年 8 月 14 日《解放日报》。 ——编者注。

直贴在墙上，胜利后带回江南，到现在还保藏在我的书橱中。

我欣赏这张照片，觉得这个留须的梅兰芳，比舞台上的西施、杨贵妃更加美丽，因而更可敬仰。在那时候，江南乌烟瘴气，有些所谓士大夫者，卖国求荣，恬不知耻，梅先生在当时只是一个所谓“戏子”，所谓“优伶”，独有那么高尚的气节，安得不使我敬仰？况且当时梅先生已负盛名，早为日本侵略者所注目，想见他住在上海沦陷区中是非常困苦的。但他能够毅然决然地留起须来，拒绝演戏，这真是“威武不能屈”的大无畏精神，安得不使我敬仰？胜利回乡后，我特地登门拜访了两次，每次都有颂扬的文章登载在当时的《申报》“自由谈”上。

现在，梅兰芳已经长逝了。然而他的美妙的艺术永远保留在唱片和电影片中，永远为人民大众所宝爱；他的爱国精神，永远给我们以教育。梅兰芳不朽！

一九六一年立秋之夜记于上海日月楼

威武不能屈*

——梅兰芳先生逝世周年纪念

日月忽其不淹兮，春与秋其代序。

惟草木之零落兮，恐美人之迟暮。（《离骚》）

日月不居，回忆去秋在兰心吊梅，匆匆又是一年。而斯人音容，犹宛在目前。春秋代序，草木可以零落，而此“美人”永远不会迟暮。只因此君不仅是个才貌双全的艺人，又是个威武不能屈的英雄。他的名字长留青史，永铭人心。

* 本篇曾载于 1962 年 8 月 8 日上海《文汇报》。—— 编者注。

我是抗战胜利后才认识梅先生的。最初在上海思南路梅寓，后来在北京怀仁堂，最后在兰心大戏院灵堂瞻仰遗容。每次看到他，我总首先想起他嘴上的胡须。我觉得这不是胡须，这是英雄的侠骨。他身上兼备儿女柔情与英雄侠骨！

设想日寇侵占上海之时，野心勃勃，气势汹汹，有鲸吞亚东大陆之概。我中国人民似乎永无翻身之一日了。于是“士夫”之中，倒戈者有之，媚敌者有之，所欲无甚于生者，不知凡几。梅先生在当时一“优伶”耳，为“士夫”所不齿，独能毅然决然，蓄须抗战，此心可与日月争光！此人真乃爱国英雄！

梅先生以唱戏为职业，靠青衣生活。那么蓄须便是自己摔破饭碗，不顾生活。为什么如此呢？为了爱国。茫茫青史，为了爱国而摔破饭碗，不顾生活者，有几人欤？假定当时有个未卜先知的仙人，预先通知梅先生：一九四五年八月十日日寇一定屈膝投降，于是梅先生蓄须抗战，忍受暂时困苦，以博爱国荣名。那么，我今天也不写这篇文章了。然而当时并无仙人通知，而中原寇焰冲天，回忆当日之域中，竟是倭家之天下，我黄帝子孙似乎永无重见天日之一日了。但梅先生不为所屈，竟把私人利害置之度外，将国家兴亡负之仔肩。试问：非有威武不能屈之大无畏精神，曷克臻此？

抗战胜利酬偿了梅先生的大志；人民解放彰明了梅先生的光荣。今后正期自由发挥其才艺，为人民服务，为祖国增光；岂料天不假年，病魔忌才，竟于去年秋风秋雨之时，与世长辞，使艺术界缺少了一位大师，祖国丧失了一个瑰宝，可胜悼哉！然而“英雄自古谁无死？留取丹心照汗青”，梅先生的威武不能屈的英雄精神，长留青史，永铭人心。春秋代序，草木可以零落，但此“美人”永远不会迟暮。梅兰芳不朽！

壬寅（1962）年乞巧作于上海

丰骨梅芳

丰子恺的前尘旧影

我十年流亡，一片冰心，依然是一个艺术和宗教的信徒。——丰子恺《谈梅兰芳》

幼年与丰子恺的姑母在姑母家

1918 年 3 月 18 日，在杭州浙一师读书时摄

1918 年 5 月 24 日，在杭州与弘一大师、刘质平合影

1921年，从日本回来

1934 年，在缘缘堂廊下看书

1936 年 10 月 10 日，在杭州田家园

约 1937 年初，与幼女一吟在缘缘堂前院花坛上

1937 年春，在缘缘堂二楼书房作画

1938 年 5 月，在汉口

1944 年夏，与幼女一吟在重庆沙坪坝

1947 年秋，杭州里西湖寓所旁（大公报记者王文西摄）

1948 年 11 月，台湾日月潭与幼女及高山族二公主

1948 年 11 月，在厦门南普陀五老峰后山与广洽法师

1948年12月，在福建泉州弘一大师生西床上

1955 年，在莫干山芦花荡公园坐石级上

1956年7月，与幼女丰一吟在日月楼合译柯罗连科小说（谷苇摄）

1957年，站在扬州二十四桥上

1959 年，与王朝闻、王个簃在北京十三陵水库

约 1960 年，在陕西南路 39 弄丰寓弄口（自书弄名“长乐村”）

1961 年，在抚州汤显祖墓旁

1962 年，与贺天健、林风眠、张充仁、颜文樑、张乐平品读古画

1962 年，与马一浮、朱幼兰在杭州蒋庄

1965 年，与广洽法师摄于上海某照相馆（丰题字）

1972 年，在上海日月楼（周颖南摄）

1975年，在故乡石门湾与弟子胡治均

梅兰芳的旧时影像

梅兰芳对于这样广大普遍的艺术负有这样丰富的天才，又在抗战时代表示这样高尚的人格，——我对他真心的敬爱……

——丰子恺《再访梅兰芳》

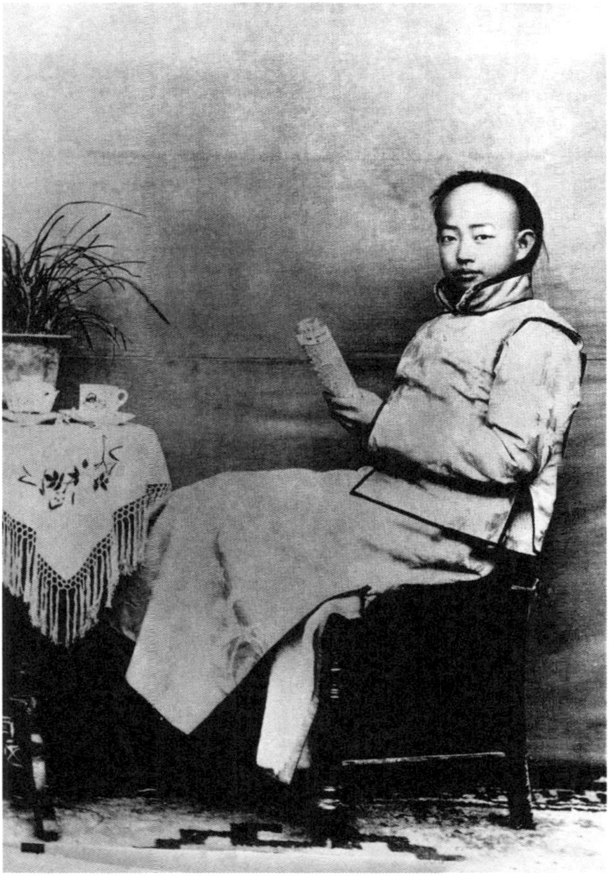

10 岁的梅兰芳

20 世纪 10 年代，在北京前门外廊房头条太芳相馆

1912 年，剪短发后留影

与长子永儿摄于上海

1913 年，在上海

22 岁时所演时装新戏《一缕麻》中林纫芬装扮

1925 年，在北京开明戏院招待外宾时赠观众的照片

1926 年，在北京与英国戏剧家罗伯罗兰在一起

在北京无量大人胡同寓所，与儿子葆琪练习《西施》中的“佾舞”

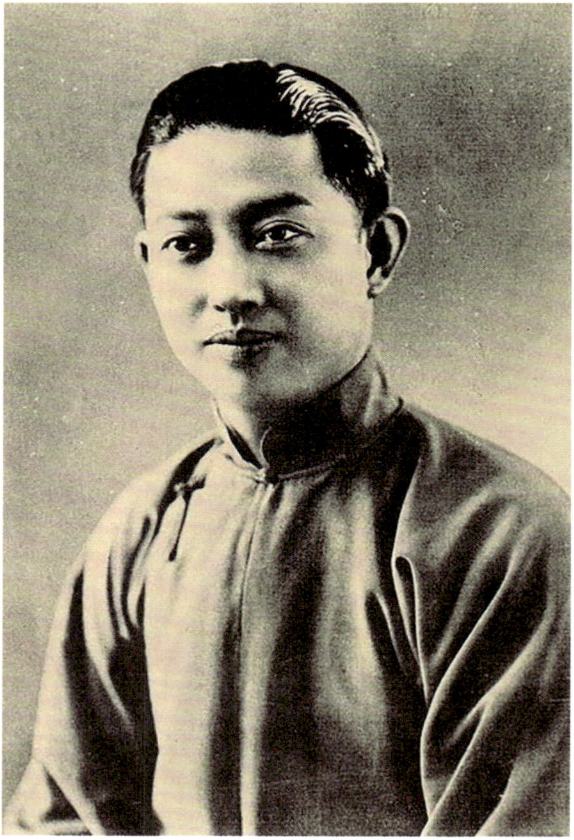

青年时期

梅兰芳与孟小冬

1930 年访问美国，受到旧金山市市长小卢尔夫的欢迎

1933 年，在上海

1933 年，在欧洲

在莫斯科，向列宁墓敬献花圈

与电影大师卓别林在一起，摄于 1936 年

20 世纪 30 年代，与夫人福芝芳及孩子们摄于北京寓所

1941 年，居港时全家福

1943 年，在上海寓所作画

抗战期间蓄须明志，拒绝为敌寇演出

在上海寓所，李碧慧（右二）拜师时留影

1949年，摄于上海新闸路青春相馆

1949 年，出席第一次政协会议（左起程砚秋、袁雪芬、梅兰芳、周信芳）

出席全国政协会议，与华罗庚、老舍、梁思成（左起）在一起

在北京护国寺寓所舞剑

四大名旦合影（左起程砚秋、尚小云、梅兰芳、荀慧生）

1955 年，与国画大师齐白石在一起

1956 年，率中国京剧代表团访日

摄于 20 世纪 50 年代

陪孙儿逗乐

晚年

『梅美人』的舞台艺术

春秋代序，草木可以零落，但此“美人”永远不会迟暮。梅兰芳不朽！——丰子恺《威武不能屈》

《贵妃醉酒》

《霸王别姬》

《霸王别姬》

《刺虎》

《红线盗盒》

《虹霓关》

《黄鹤楼》

《金山寺》

《牡丹亭》

《牡丹亭》

《牡丹亭》

《洛神》

《洛神》

《木兰从军》

《抢挑穆天王》

《思凡》

《太真外传》

《西施》

《打渔杀家》

《生死恨》

《生死恨》

《黛玉葬花》

《断桥》

《樊江关》

《拷红》

《抗金兵》

《抗金兵》

《女起解》

《太真外传》

《天女散花》

《天女散花》

《西施》

《御碑亭》

《战蒲关》

本片概括地介
紹了梅先生五十年
來藝術生活的發展
过程和輝煌的藝術
成就
彩色舞台藝術紀錄片
導　演:吳祖光
总攝影:吳蔚云
美術設計:韓尚义
上　集
梅蘭芳的舞台藝術
北京电影制片厂出品·中國電影發行公司發行

梅兰芳舞台艺术纪录片宣传画

梅兰芳舞台艺术纪录片宣传画

徐悲鸿画《天女散花》

年画《白蛇传》《霸王别姬》

年画《奇双会》《贵妃醉酒》

年画四条屏，杨作文绘画

年画四条屏，杨作文绘画

附：丰梅艺缘

平剧不但历史悠久，而且在其本质上具有一种吸引人情、深入人心的魔力，故能如此普遍，如此大众化。——丰子恺《再访梅兰芳》

1948年，在上海梅寓携幼女与梅兰芳合影

1948年，在上海梅寓携长女、次婿与梅兰芳合影

丰子恺赠梅兰芳扇面，梅兰芳旧藏

丰子恺、梅兰芳合作扇面

亲友评述

柯灵：想起梅兰芳（节选）

1945 年，停演八年的梅兰芳重返舞台，演出《刺虎》。

新文学家中，只有戏剧家田汉和梅兰芳夙有交谊，伟大正直如鲁迅，也不免对梅怀有极深的偏见，曾因傅东华把他和梅“并为一谈”，看作是极大的侮辱，忿懑异常，为文坛所熟知。只是经过抗战，才改变了新文学界对梅的观感。丰子恺对梅的民族气节衷心敬仰，战后回到上海，为此特别登门访梅。梅逝世，又一再为文追悼。

丰子恺对梅之所以如此倾倒，恰恰因为梅是“戏子”“优伶”，但和知识界的软骨动物相比，却更显得卓尔不群。旧文人称梅为“梅郎”，肉麻当有趣，是传统的轻薄与亵渎；新文人称为“梅博士”，表面抬举，实际是讽嘲；报纸戏目广告上大书“伶界大王”，则是老老实实标举梅的商品价值。这三种徽号，正好表现出梅在当时的生态环境。戏曲界内则薰莸不齐，外则荆榛遍地，穷于应付的艰难，还不计在内。小报界和鸳蝴派对梅乌烟瘴气的捧场是司空见惯，进步报刊对梅这样热情的肯定和宣扬，《文汇报》可以说是第一家。

梅复出后，卖座鼎盛，声誉更隆。《文汇报》副刊《浮世绘》却忽然发表文章，请梅下台，题目就是直捷了当的《饯梅兰芳》。这篇文章不满一千五百字，用一段皮里阳秋、富于暗示性的文字开场，一口一声“梅博士”，主旨是强调梅老了，“可怕的老”，“垂老卖艺”，嗓子竭蹶枯涩，身段少嫌肿，而且演戏笑场，翻复表示“说不出的感慨”，“说不出的酸辛”，“满心的感伤”，“不堪回首”，“悲哀欲哭”，要梅从此“绝迹歌坛”，本文“就算给他饯别”。这篇名文，清楚地表现出作者的才华，也鲜明地反映出作者的性格。当时此文很受赏识，似乎没有人想到这样对待梅兰芳是否公平，这样的强行送别是否过于霸道。因为旧剧演员的荣枯升沉，从来与新文坛痛痒无关。鲁迅之所以不满梅兰芳，有一点意思是很清楚的：他认为梅“被士大夫据为己有，罩进玻璃罩”，不是大众的演剧家。对于演员的年龄，鲁迅倒不认为年纪一大就该受奚落，说“老十三旦七十岁了，一登台，满座还是喝采”。《饯梅》一文作者，何以会有这么多悲天悯人的伤感情绪，其心理背景是什么，对读者是一个谜。对梅兰芳本人，则等于无情地公开宣告他艺术生命的终结。这本来是四十年前的陈迹，时移势易，早已被人淡忘，最近作者旧事重提，却阐明他写《饯梅》的动机，是因为“其时南京在开什么大会，要他（指梅）去作庆祝演出，使他非常为难，文章的意思就是希望他借口谢绝这一‘邀请’。”这就更使人糊涂。这位作家，自述那时“和梅及其周围的一些朋友都不熟识”，不知梅为什么把这样带有严重政治性质的思想活动透露给素无交往的人？查《饯梅》一文的写作和发表是在一九四七年一月，其时国共和谈破裂，内战全面展开，学生运动风起云涌，南京“已处在全民的包围中”。“石头城上，望天低吴楚”，用不着多少时候，就要眼见“蔽日旌旗，连云樯舻，白骨纷如雪，”不知还有什么庆祝戏可演？用这样的方式帮忙，又谁能理解，谁受得了？

其实继《饯梅》之后，这位作家对梅放冷枪，就不止一处，例如说：“贤如梅博士，偶演《木兰从军》，武装扮一下赵云，虽然是所谓梨园世家见多识广吧，也看不得，正如在台下梅博士说话一般，总有一些不舒服。”原来不但在台上不行，连在台下说话也令人看不惯。甚至与梅毫不关联的题目，也要扫横一笔“孟小冬与梅兰芳的桃色新闻。”即使用最新式的精密仪器，大概也检验不出丝毫的善意来。

原刊《文汇报》1993年3月21日，有删节。

黄裳：漫谈旧剧之批评（节选）

梅兰芳演《春秋配》

记得前十年《文学周报》上出了个“梅兰芳号”，对梅氏肆加谩骂，大概总是在他个人历史上着眼，这也未免太过于卑鄙，梅氏个人人格如何，我不愿评论。何况是那样一个时代，我始终是抱着只看艺术的意见，因为伶人私事，非公开讨论所当为，有人称赞程砚秋的对罗瘿公如何如何，也好像颇为多事。总而言之，旧剧受了环境的影响不少，许多无味的闲气，都是由这里生出的。

接着还要谈谈另一点：徐志摩氏是个新诗人，他的一生可以说是为努力追求“美”、美的理想、美的人物而生活着的。他对于旧剧非常喜欢，尤其是爱听杨小楼的《连环套》等剧　这可以说是受过西洋洗礼的有审美观念人的能欣赏旧剧的一个反证，新文学家不都是徐訏之流的，浣华赴美赴俄均约张彭春氏为助，为其演说剧情，张氏为南开大学教授在美国讲学，对戏剧学有深湛研究，新剧《雷雨》作者曹禺（即万家宝）即得张氏之提携爱护而为剧作家者。张氏对京剧之爱好与研究，颇为不佞所熟知，余常闻其劝人听浣华之戏云。自然非生意经，因渠参加意见甚多，有使人批评之意。

丰子恺先生也谈过梅兰芳，多讽刺语，大概也是受了环境影响所致，但是他谈过青衣的唱腔（实包括花旦言）：“我觉得平剧中的青衣的唱腔，富有女人气，不必理解唱词，但一听腔调，脑际就会浮出一个女子的姿态来。这是西洋音乐上所没有的情形。青衣的唱腔可谓‘女相十足’，我每次听到，觉得用日本语中的 Onnarashii（注：女らしい）一语来形容它，最为适切，在事实上，从古以来，女子绝没有用唱代话，而且唱得这样委婉曲折的。然女子的寻常语调中，确有这么委婉曲折的音乐的动机潜伏着。换言之，青衣唱腔的音乐，是以自来女子的寻常语调为原素，扩张、放大、变本加厉而作成的。”

读者的批评，见仁见智，本难强同。但是入理之言总堪听。无的乱语，确不可为训。至于摭拾滥语，强作解人者，更不值一读矣。

原刊《十日戏剧》，1938 年第一卷第 25 期，有删节。

陈巨来：记丰子恺（节选）

丰老，浙江石门县人（属嘉兴府），名某，少留学于日本音乐专科学校，原非美术家也。因喜作漫画以自怡，遂为中国之漫画家了。余于过去新文艺界中人，向不留意，故于丰老之名，从未知之。在胜利后，余在当年老申报自由谈副刊上读到了他“访梅记”散文一篇，盖其时他偕了两个女儿至梅兰芳家中作客后所写之记事文也，该文连续刊了三天之多，均为誉扬梅氏艺术者，中有一段云：梅先生座中蓄二猫，梅氏当客抱于怀中，爱之抚之，不啻子女。归家后，其女公子谓丰老云：爸爸，我们如果能在梅先生家化身做了猫儿，也是幸福的呀（大意如此）。当日余读其文后，对之不但无好感，且深鄙之。余认为此人对一“雄妇人”（鲁迅作文题梅之雅号也）如此恭维，太肉麻了。

……余毫不客气问他：丰老，你如何一再提猫，意有所指吗？他大笑云：吾家全体欢喜养猫，性之所爱，故不觉形诸笔墨了呀。自那日起余始完全对之了解，乃一醇厚之老人也。

摘自《安持人物琐忆》，上海书画出版社，2010年版

丰一吟：丰子恺和京剧

1954 年，丰一吟穿《凤还巢》戏装与父亲合影

人们可能认为我父亲是个京剧迷。我父亲确实喜欢京剧，但不是京剧迷。京剧迷其实是我。

父亲早年从不看京剧（当时称为平剧）。20 世纪 20 年代时，偶然看过一次梅兰芳，对他的评价并不怎么样。1933 年，父亲买了一架唱机，只是由于买不起昂贵的西乐唱片，才选了几张梅兰芳的唱片。但渐渐地听出了滋味，一而再、再而三地又买了不少。故居缘缘堂中百余张唱片，很多是梅兰芳唱的。

抗日战争爆发后，这些唱片与缘缘堂同归于尽。我们全家辗转来到重庆，在沙坪坝有了自己简陋的住屋后，家里又买了一架唱机。在当时的重庆，是买不到新唱片的。我们就到旧货商店(当时称为“拍卖行”)去淘旧唱片。由于在故居缘缘堂听惯了父亲买的梅兰芳唱片，我和大姐丰陈宝，也包括其他的哥哥姐姐，都或多或少地对京剧唱腔有了兴趣。所以淘唱片时主要以京剧为主，尤其是梅兰芳的京剧。那时候，卖旧唱片不让你挑选，一捆一捆地扎起来，要买就一起买。我们只好选京剧多的唱片买回家。家里霎时热闹起来。

1943 年，我 15 岁时，刚进重庆沙坪坝嘉陵江对岸盘溪的国立艺术专科学校。初生牛犊不畏虎，我竟然踏上了学校的舞台，演起京剧来。记得最初演的是《王宝钏》。唱腔完全是从唱片上学来的。(旧唱片中王玉蓉唱的王宝钏。)我父亲不顾路远，从“中渡口”下坡，摆渡过江，拾级而上，再走好几里路，去看我的演出。晚上无法回家，就在艺专学生宿舍里将就睡一夜。

我和大姐光是从唱片上听听、在家里唱唱，还不过瘾，想去重庆看戏。沙坪坝离重庆很远，交通不便，看完戏必须宿在重庆。可我们上哪儿去找住宿的地方呢？旅馆是住不起的。父亲千方百计为我们想办法。在爱看他漫画的读者中，他终于找到了一个军人，说是在重庆有房子，欢迎我们去住。不过他说因为房子小，只能安排我们睡在地上(父亲自己可以住在开明书店)。怕什么！只要有戏看，睡哪儿都行。我们就在他家地上睡了一夜。有一位女眷接待我们。事后才知道，这地方原来是他小老婆的住所。为了满足我们两个戏迷看戏的欲望，父亲真是煞费苦心啊！

在我随父亲去重庆以东的涪陵(他去开个人画展)时，由于那里有一个剧院，天天演出京剧，我就天天要父亲带我去看。记得有一次看了全本《玉堂春》后才没几天，又重演这个戏，但改头换面把剧名写成《苏娘艳史》。我其实知道这就是《玉堂春》(因为《玉堂春》的女主角叫苏三)，但我还想看一遍，便对父亲说了个谎，说这是另一个戏。父亲上了当，真的陪我去看。戏一开场，谎言戳穿了。父亲朝我笑笑，说："啊呀，看过了！"我也装傻，说："我不知道呀！"就这么混过去了。父亲倒也没怪我，还看得津津有味。

涪陵虽然是个小城市，那时候有幸请来了日后成为著名演员的李蔷华、李薇华姊妹俩。李薇华那时还小，只演像崇公道那样的配角；李蔷华则正当花季，扮相好，身段好，嗓子好。我看得入了迷；父亲显然也被感染了。有一晚看完戏回来，信手拿起笔墨，凭记忆画了一幅《李蔷华登场》。这幅画一直保存着，后来父亲送给他的弟子胡治均，也一直保留了下来。

我每天看李氏姐妹的戏还不够，得寸进尺还想见见她们本人。我把这愿望对父亲说了，那时为父亲筹备画展帮过忙的一位先生正在旁边。

"那很方便，叫她们过来就是！"

当时演员不像现在这样受人尊重，往往被称

为“戏子”，有钱有势的人可以随便叫她们来。父亲在涪陵开画展，深受当地官员爱戴，所以那位先生说这样的话。父亲大不以为然：人是平等的，演员给大众带来美好的艺术，更应该受人尊重。

“不！请你打听一下地址，我们自己去访问。”父亲决断地说。就这样，我们竟然出现在李氏姐妹的家里了。我高兴得心怦怦地跳。先是姐姐出来，我正看入了迷，妹妹也过来了。她从姐姐身后把双手插入姐姐腋下，抱住姐姐的腰，摇啊摇的，好天真啊！过了几天，我们在菜场上碰到她们的妈妈，正在买鸡蛋。

“唱戏要吃生鸡蛋，嗓子才会好！”她向我们解释。

生鸡蛋多难吃啊！我很同情她们。为了把美好的艺术献给大众，她们不仅天天要练唱练功，还要吃这个玩意儿！

回家后，涪陵的事成了我长期的话题，跟我大姐更是滔滔不绝。

在我们那简陋的“沙坪小屋”里，有一回传

来了梅兰芳对日本人蓄须拒演的消息，上海的友人还给父亲寄来一张蓄须的照片印刷品。父亲大受感动，把这照片贴在墙上，一直保留到抗战胜利。他佩服梅兰芳坚贞不屈，常常对我们子女赞佩他的人格。我们也很想拜见一下这位伶界大王，至少看看他的演出。可是，在抗战时期，那只是痴心妄想！

抗战胜利了！我们欢欣鼓舞地回到江南。父亲竟两次访问了梅兰芳。第一次是在 1947 年。由摄影家郎静山陪同。访问后，他写下了《访梅兰芳》一文，登载在 1947 年 6 月 6–9 日的《申报·自由谈》上。

他在那篇文章里说："我平生自动访问素不相识的有名的人，以梅兰芳为第一次。(吟注：父亲忘记访问李蔷华的事了)……我的访梅兰芳是宗教心所驱。"

1948 年的第二次访问，则是"带了艺术的心情"而去的。第一次我没能同去，就不断地在父亲面前嘀咕。终于盼到了这一天。我和大姐两个